Gothic Girls

adult coloring book

by

Tabz Jones

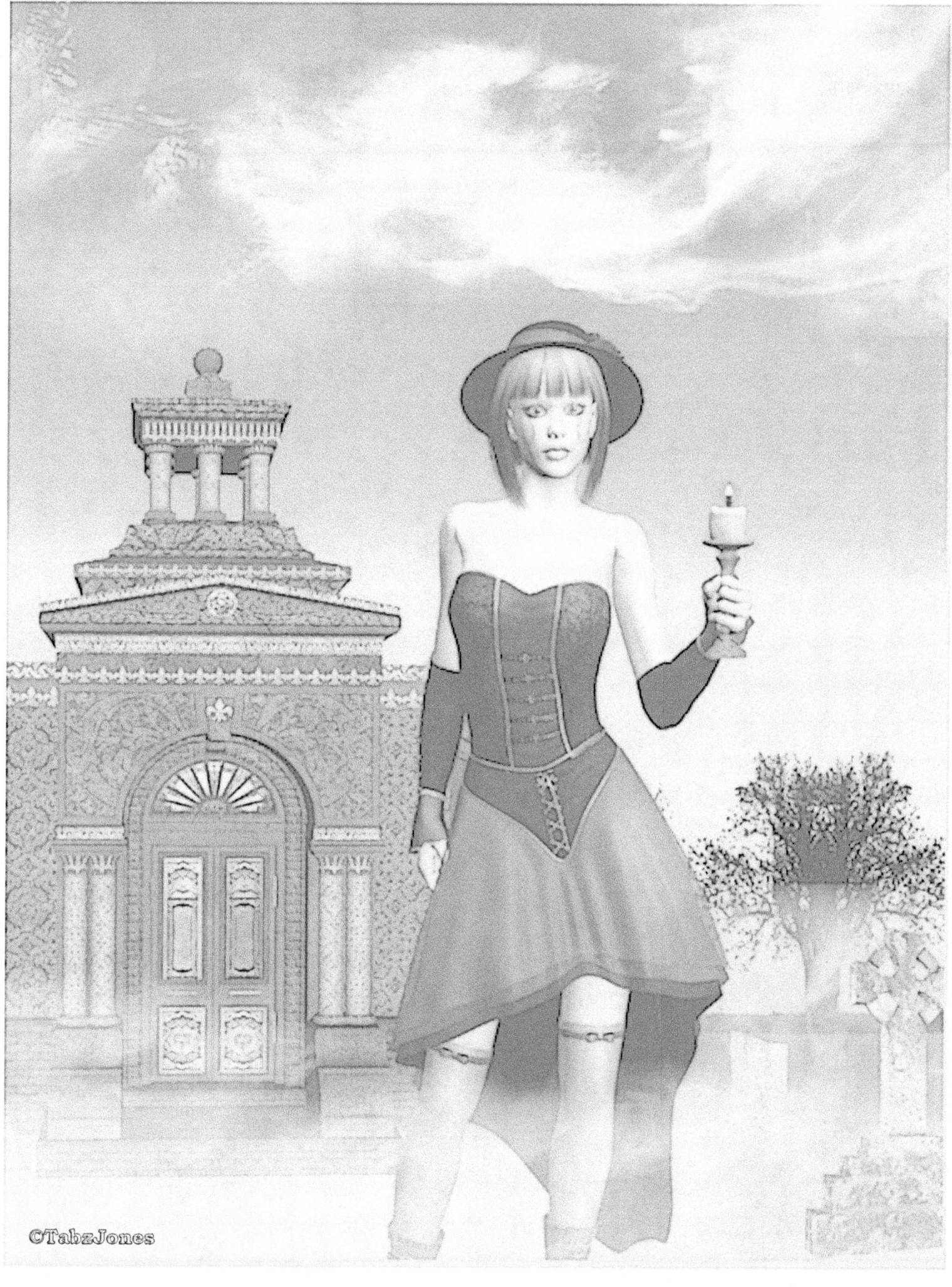

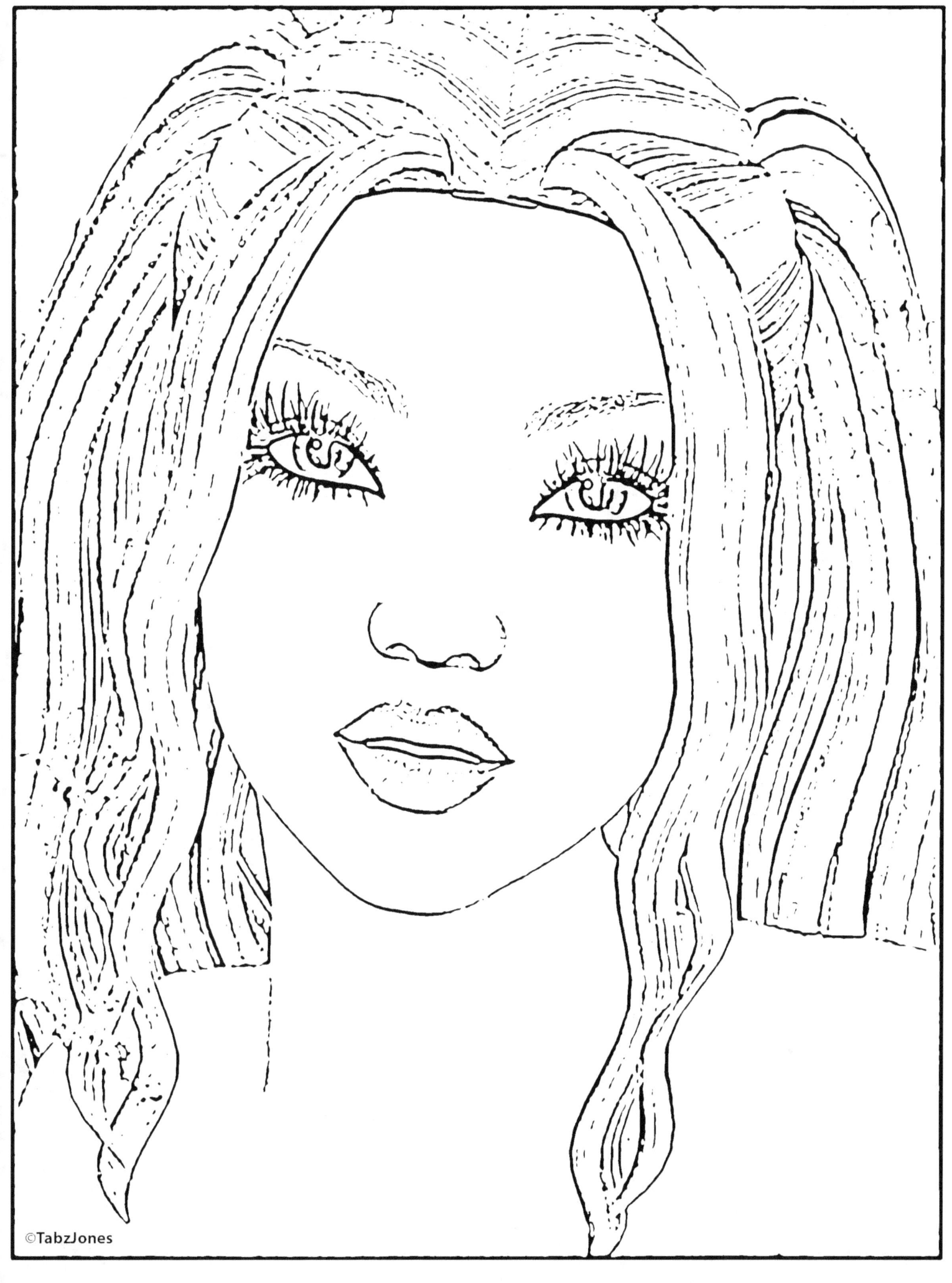

©TabzJones

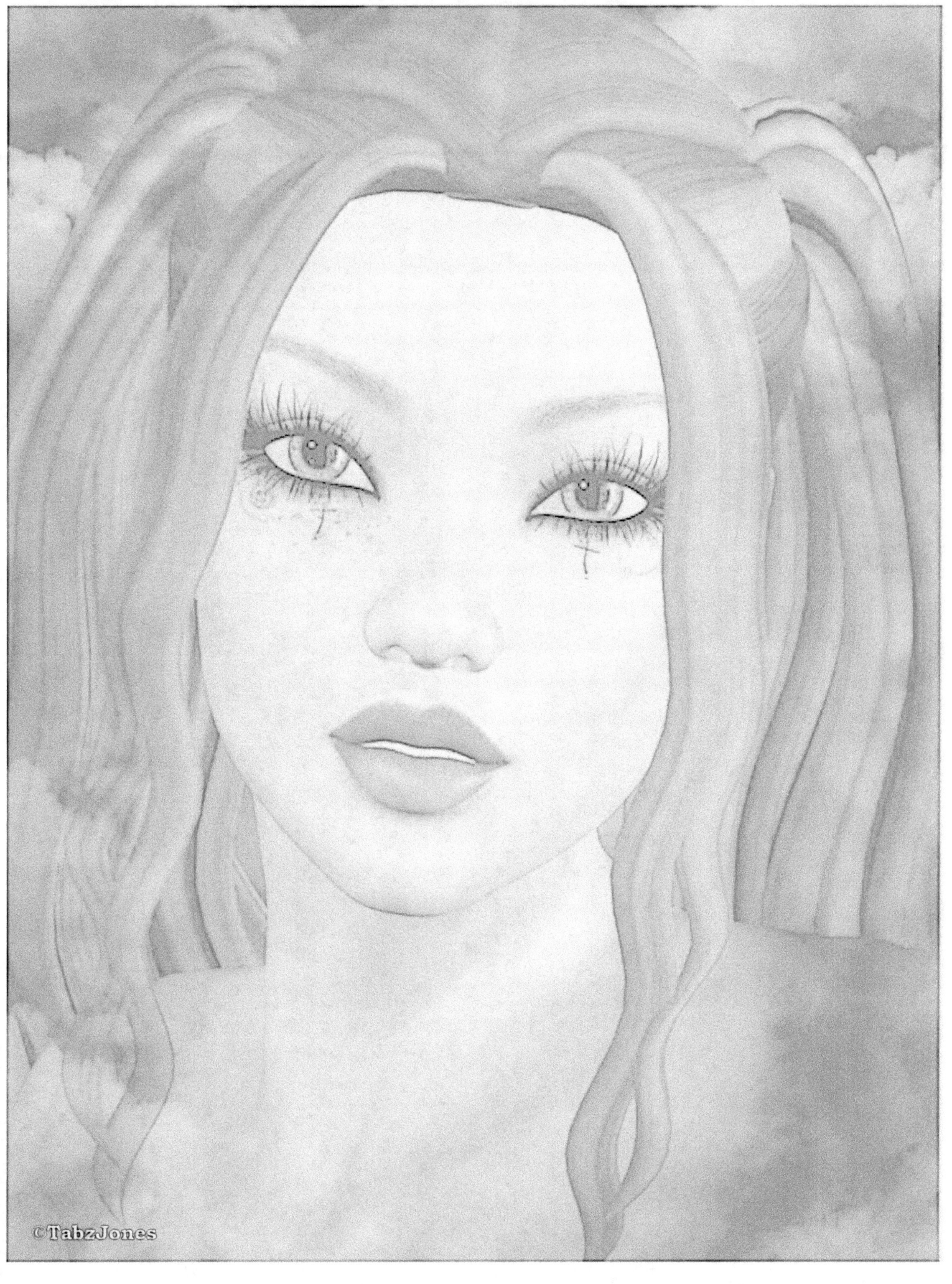

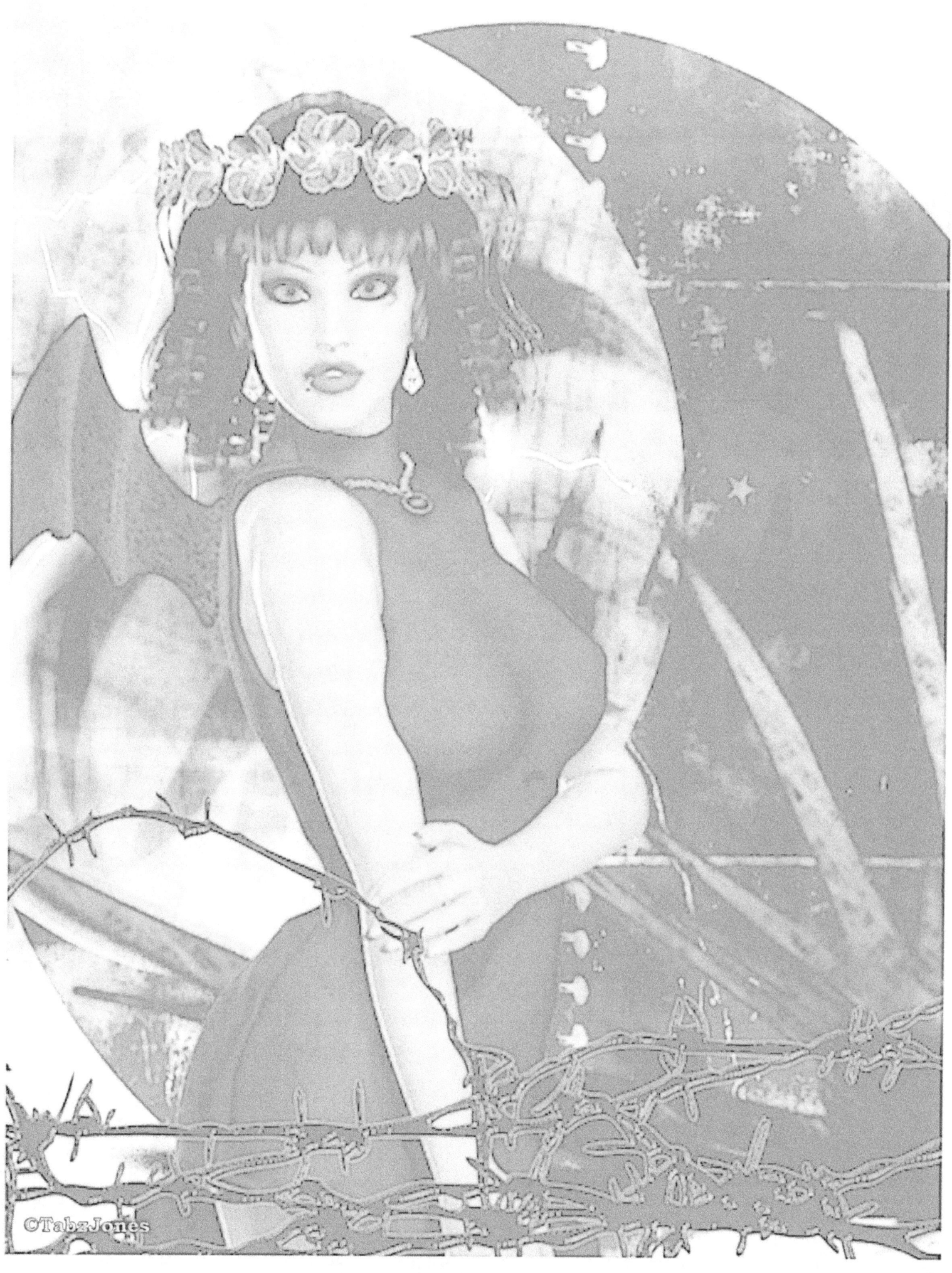

©TabzJones

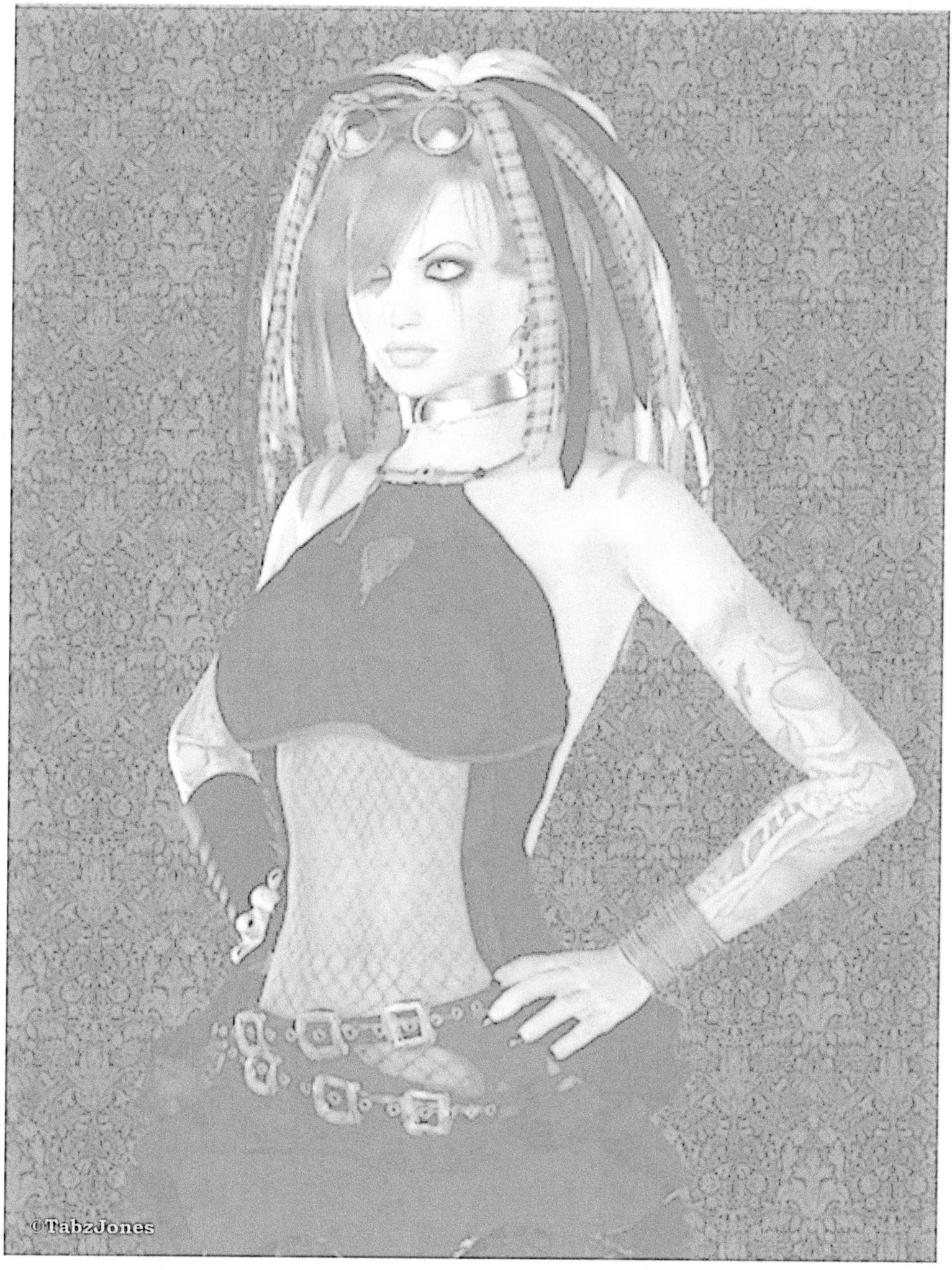

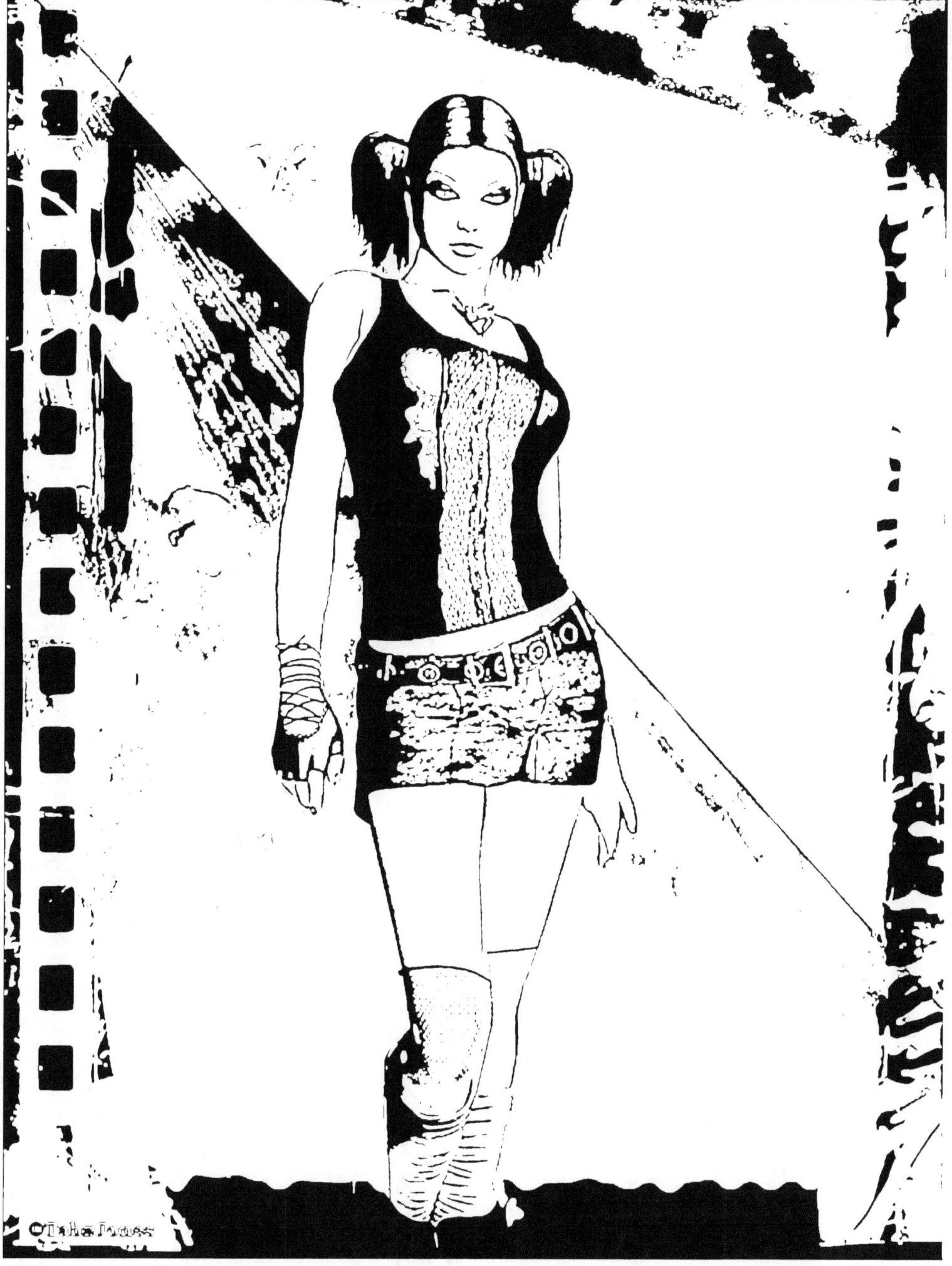

©Talia Jones

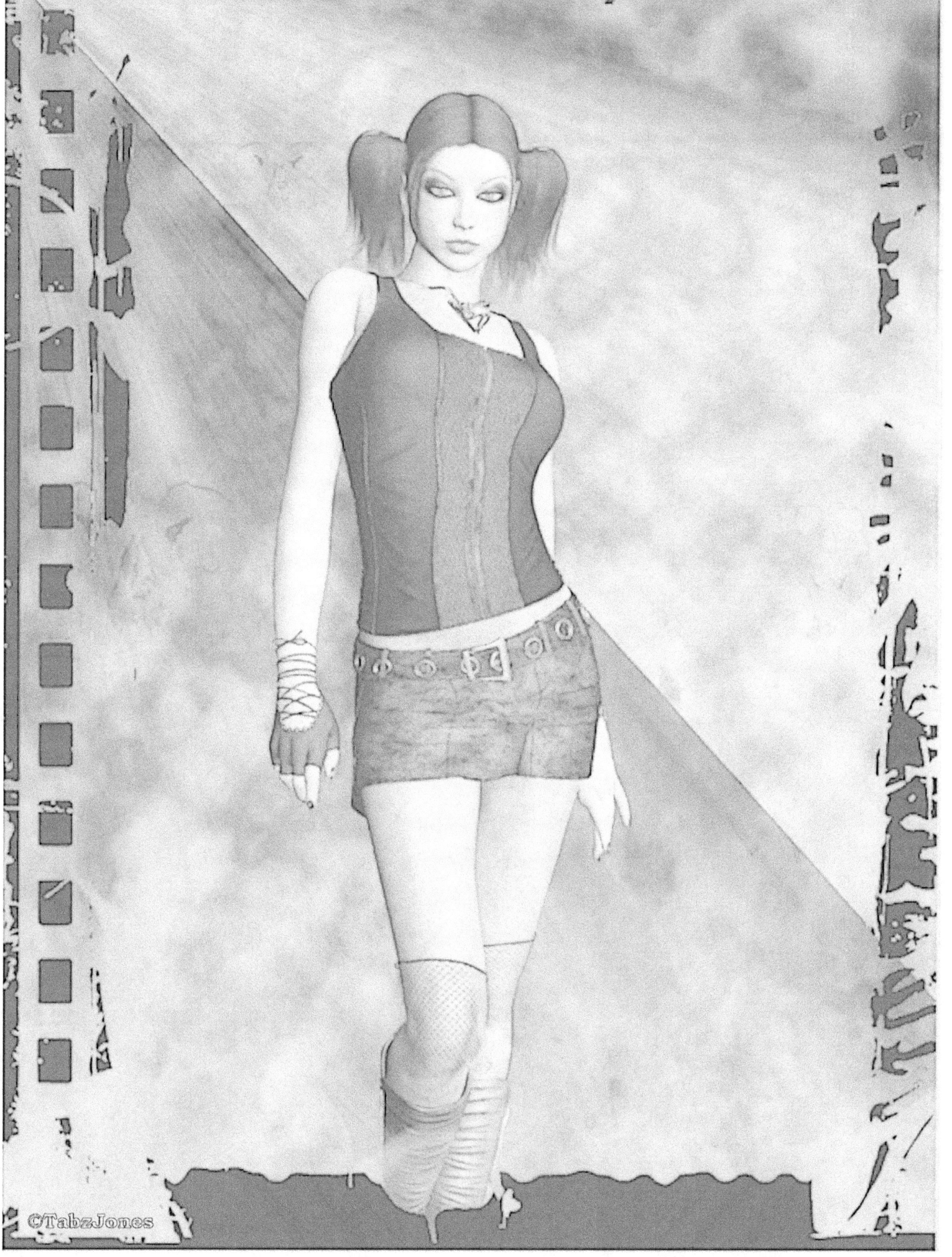
©TabzJones

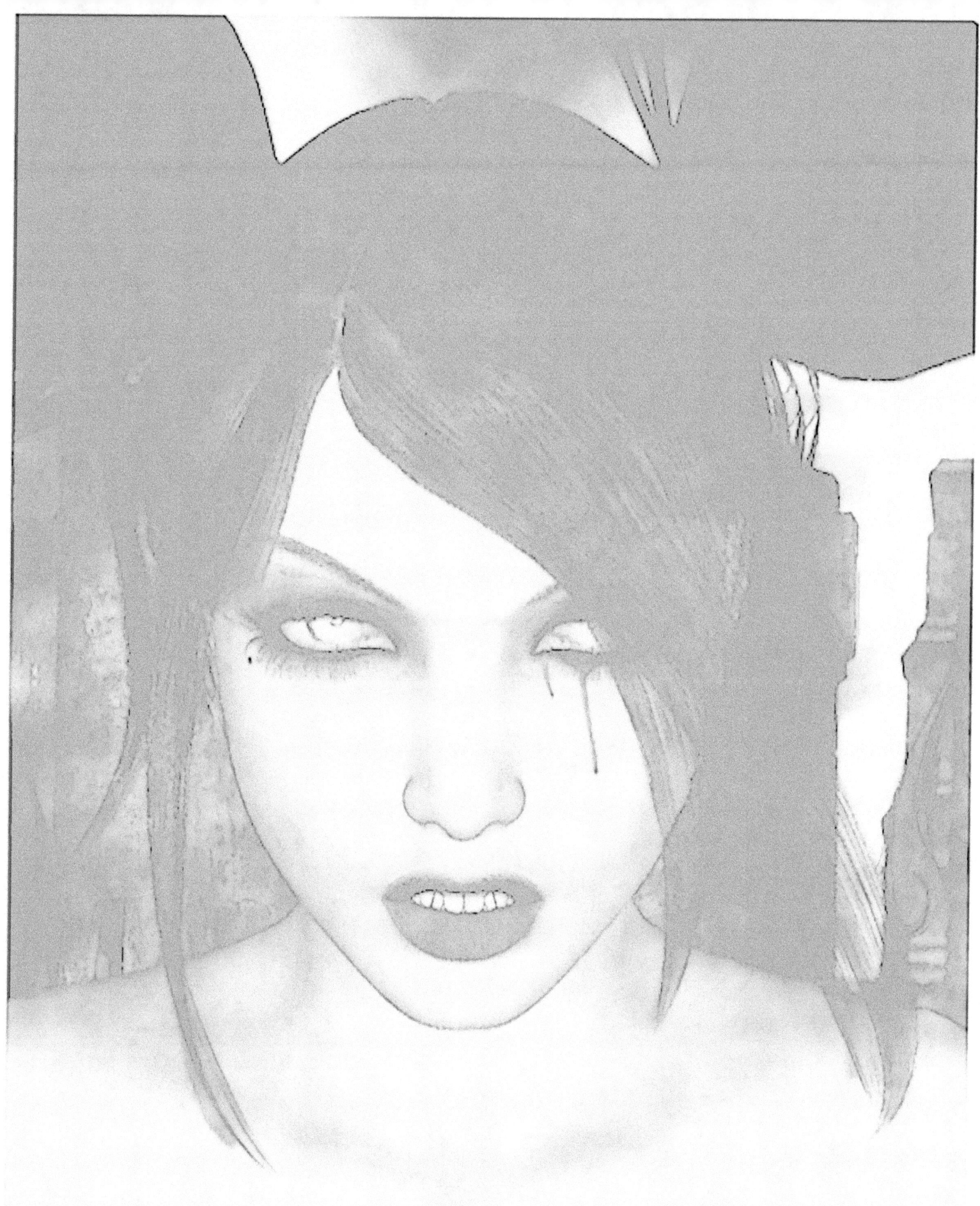

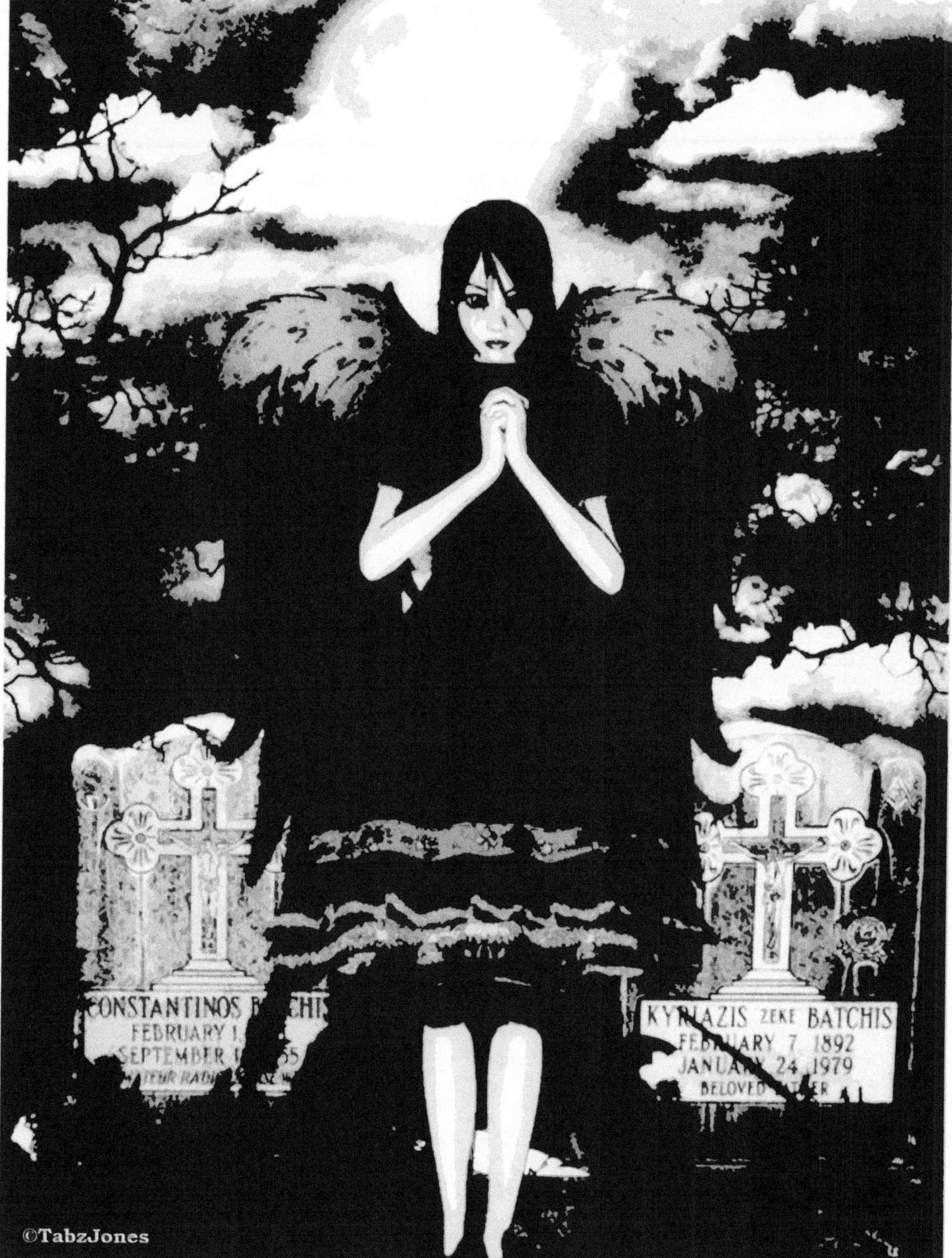

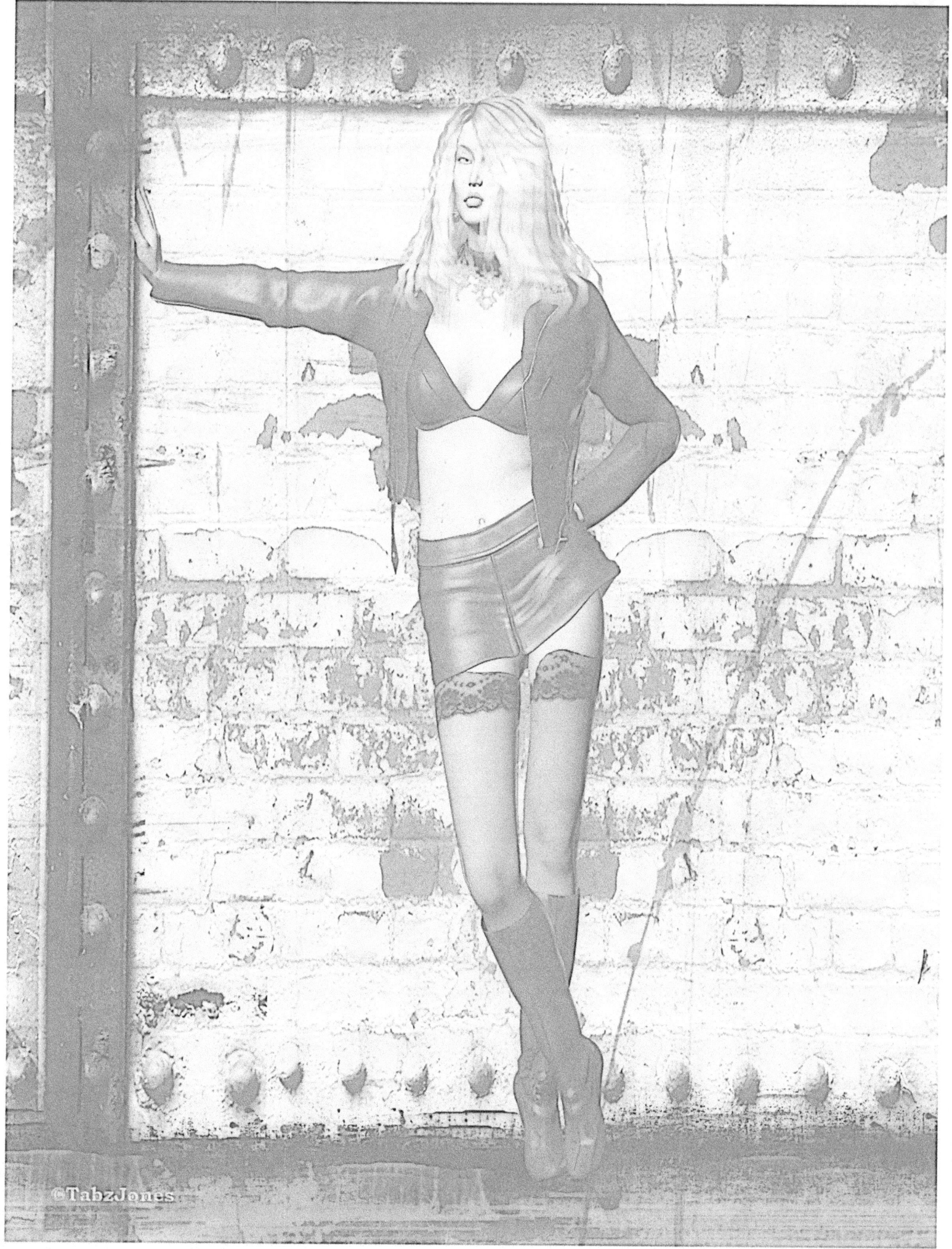

©TabzJones

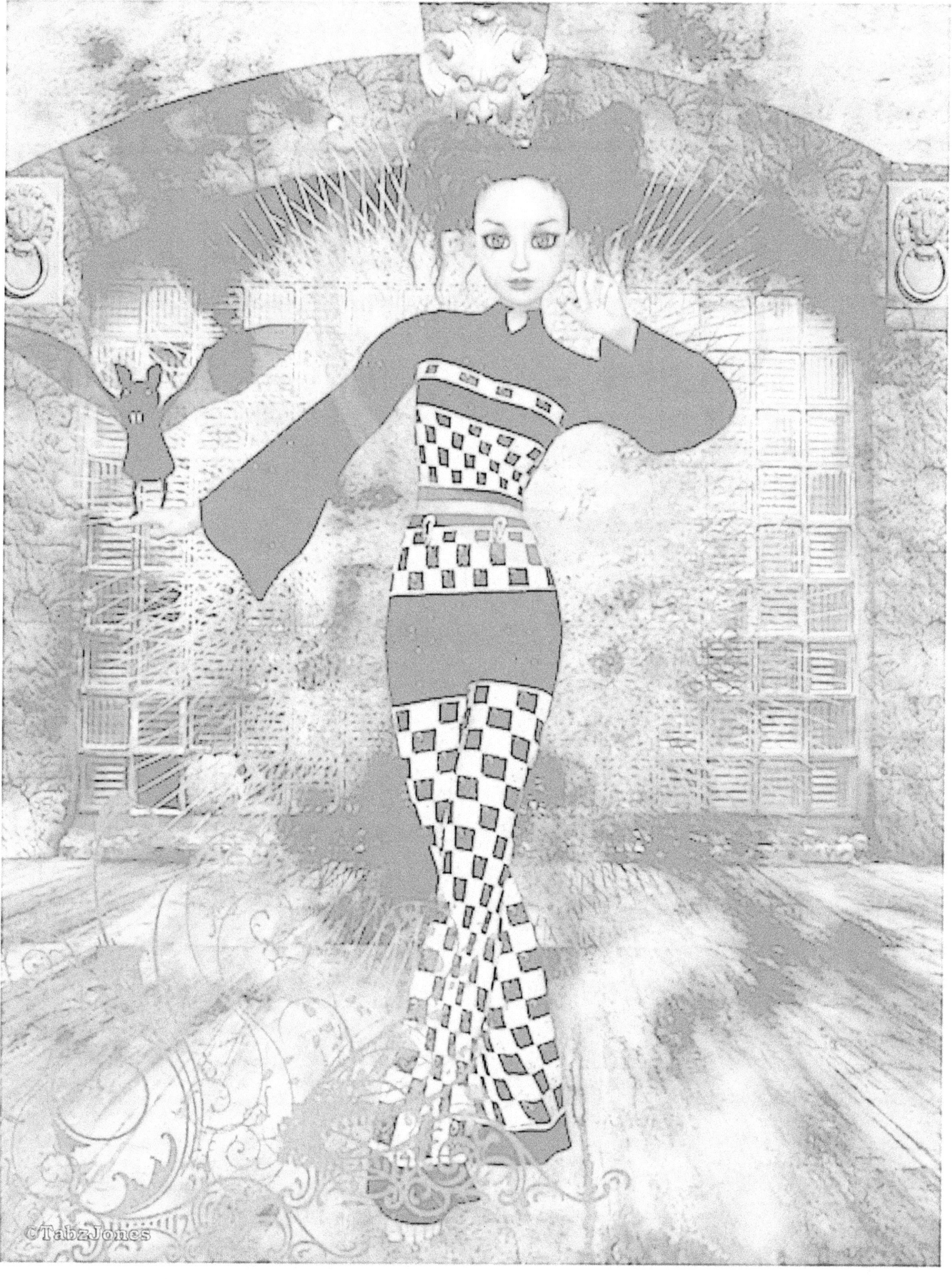

©TabzJones

©TabzJones

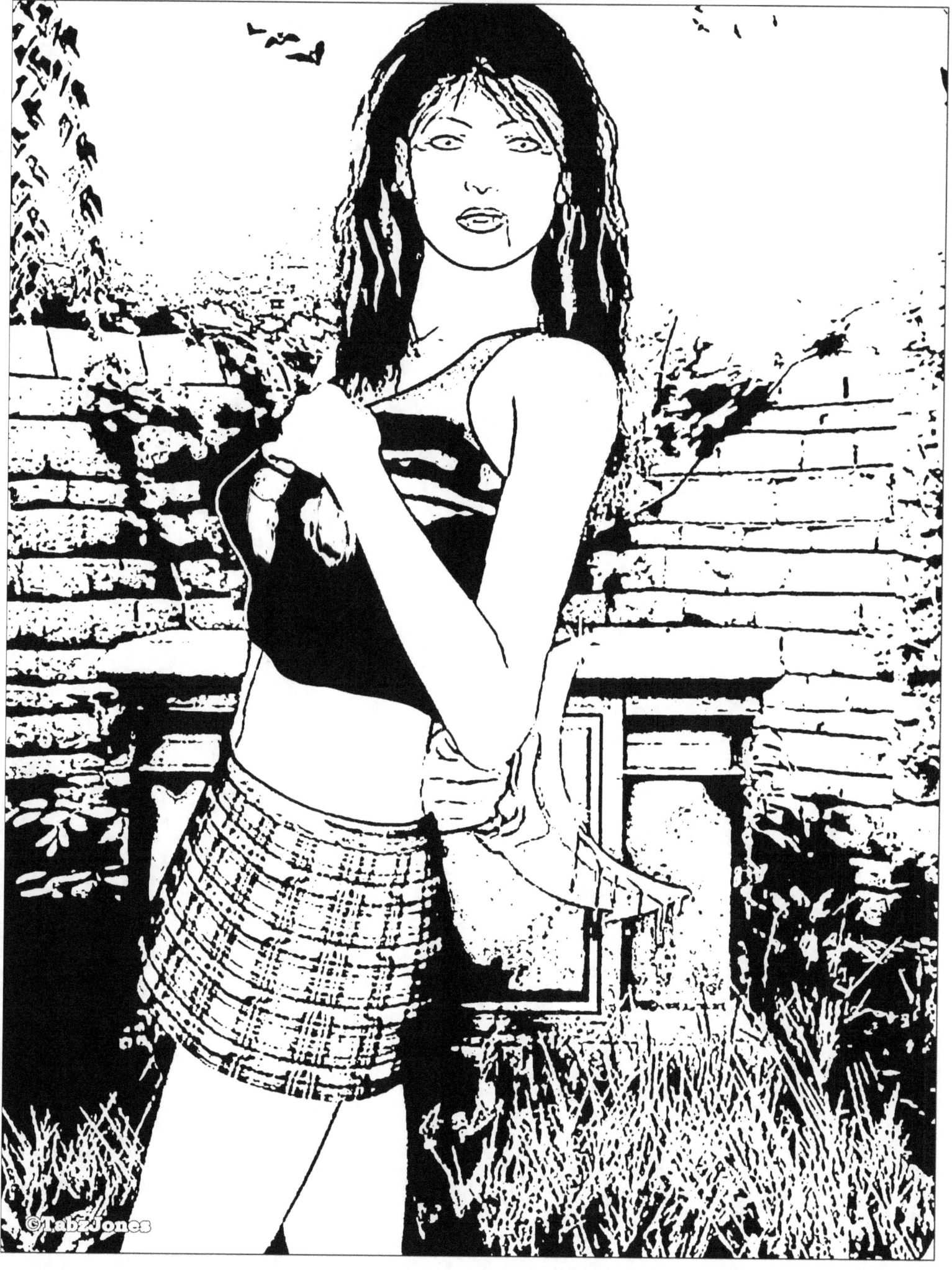

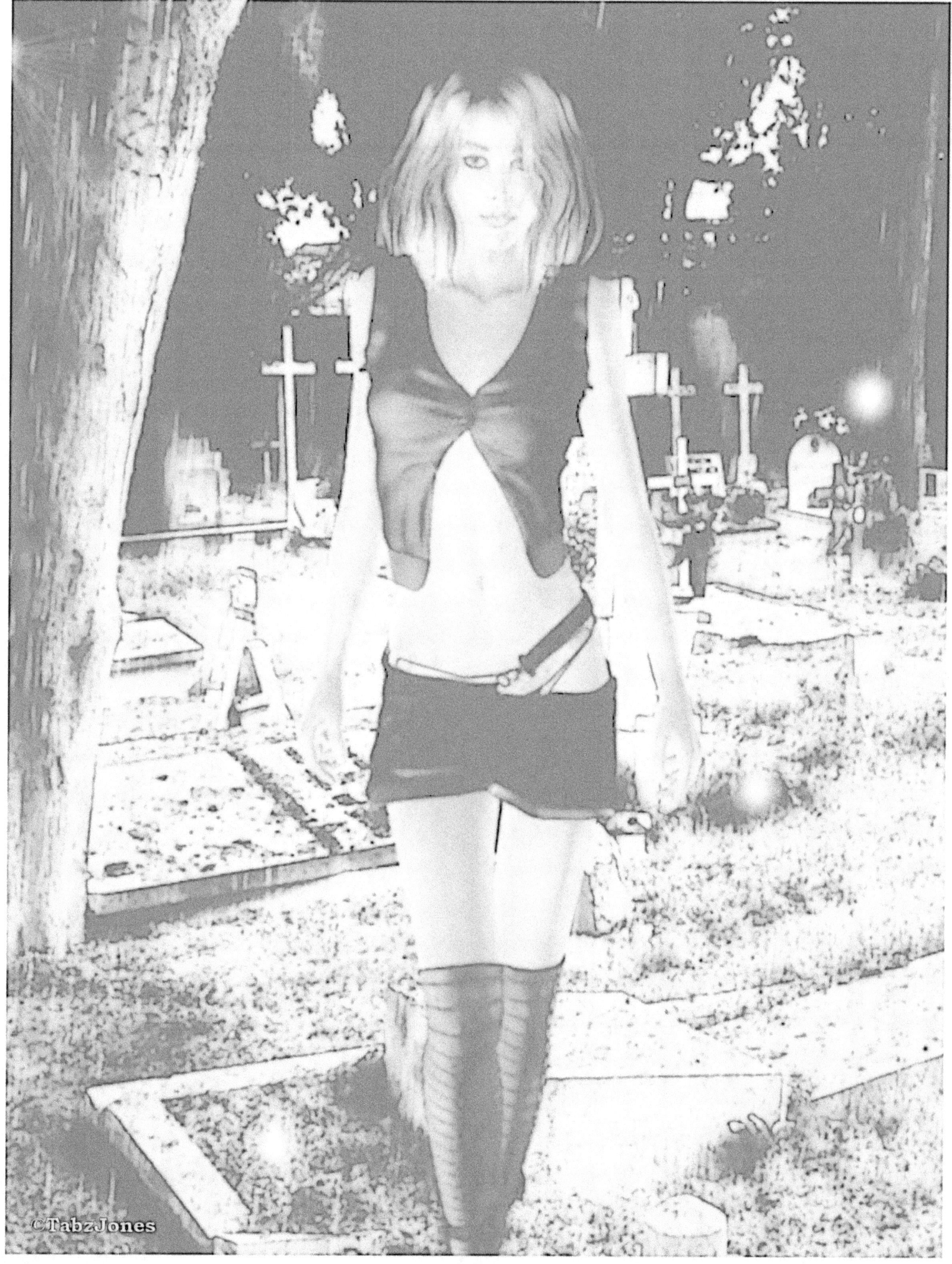
©TabzJones

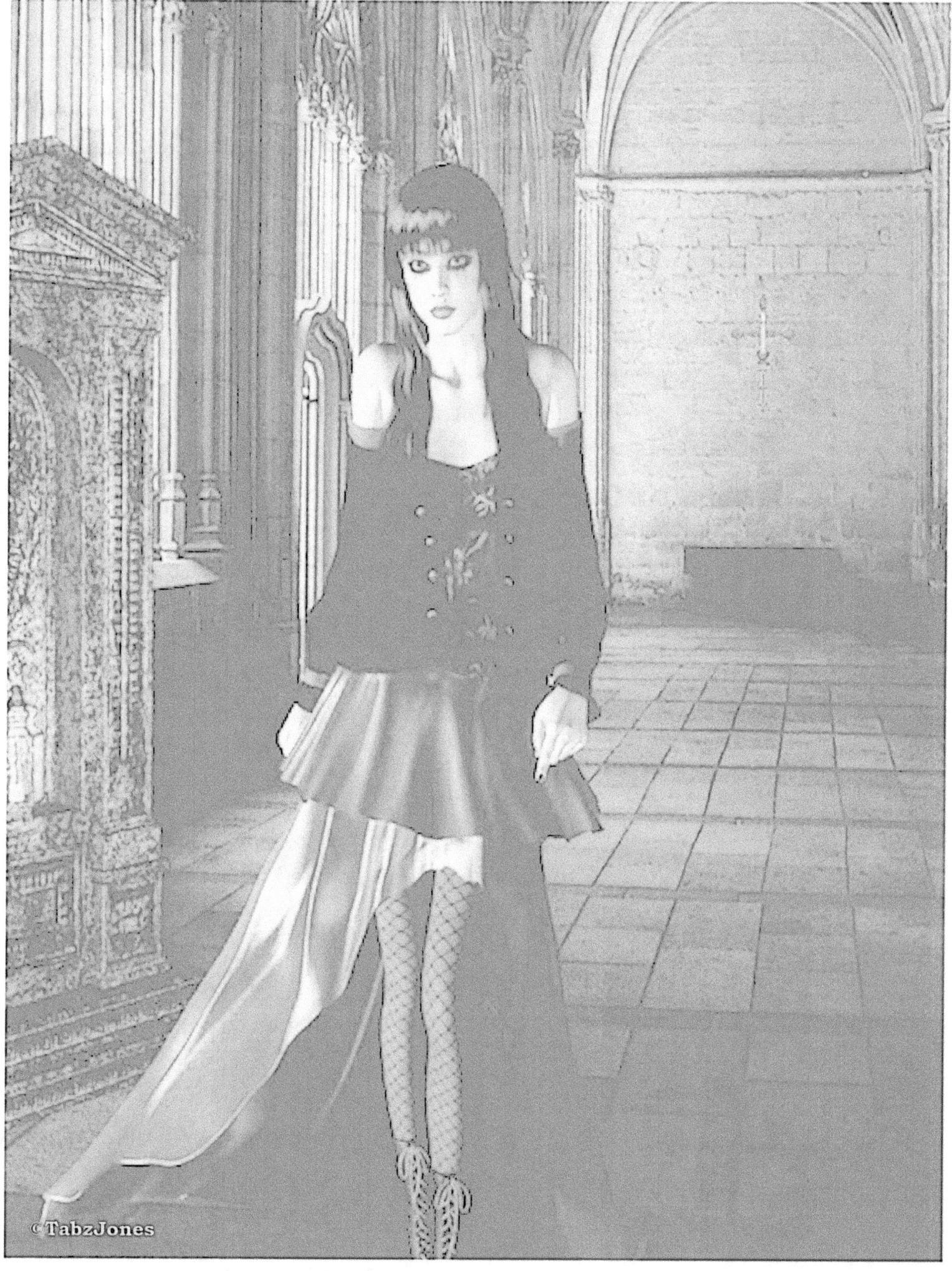

©TabzJones

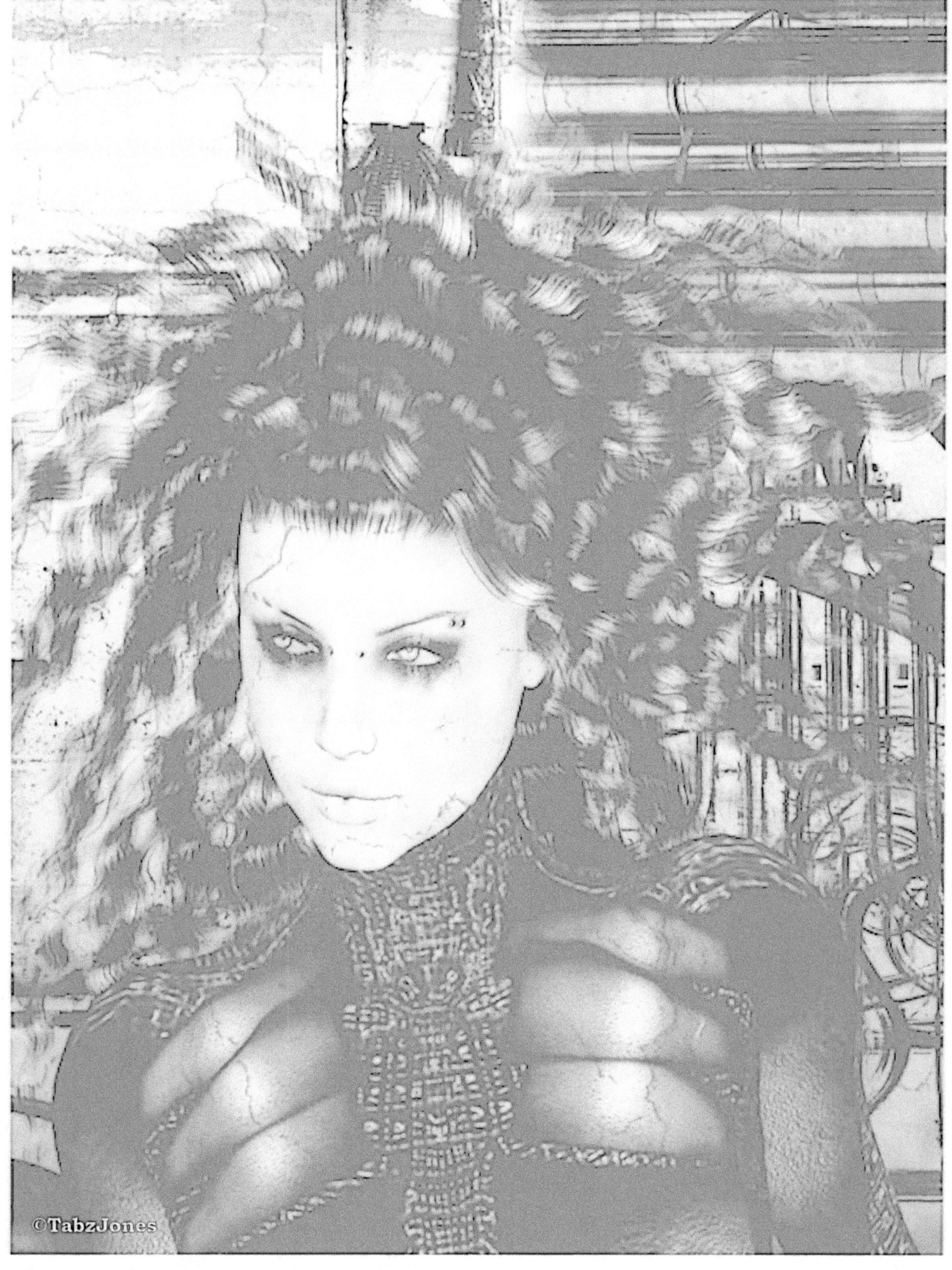
©TabzJones

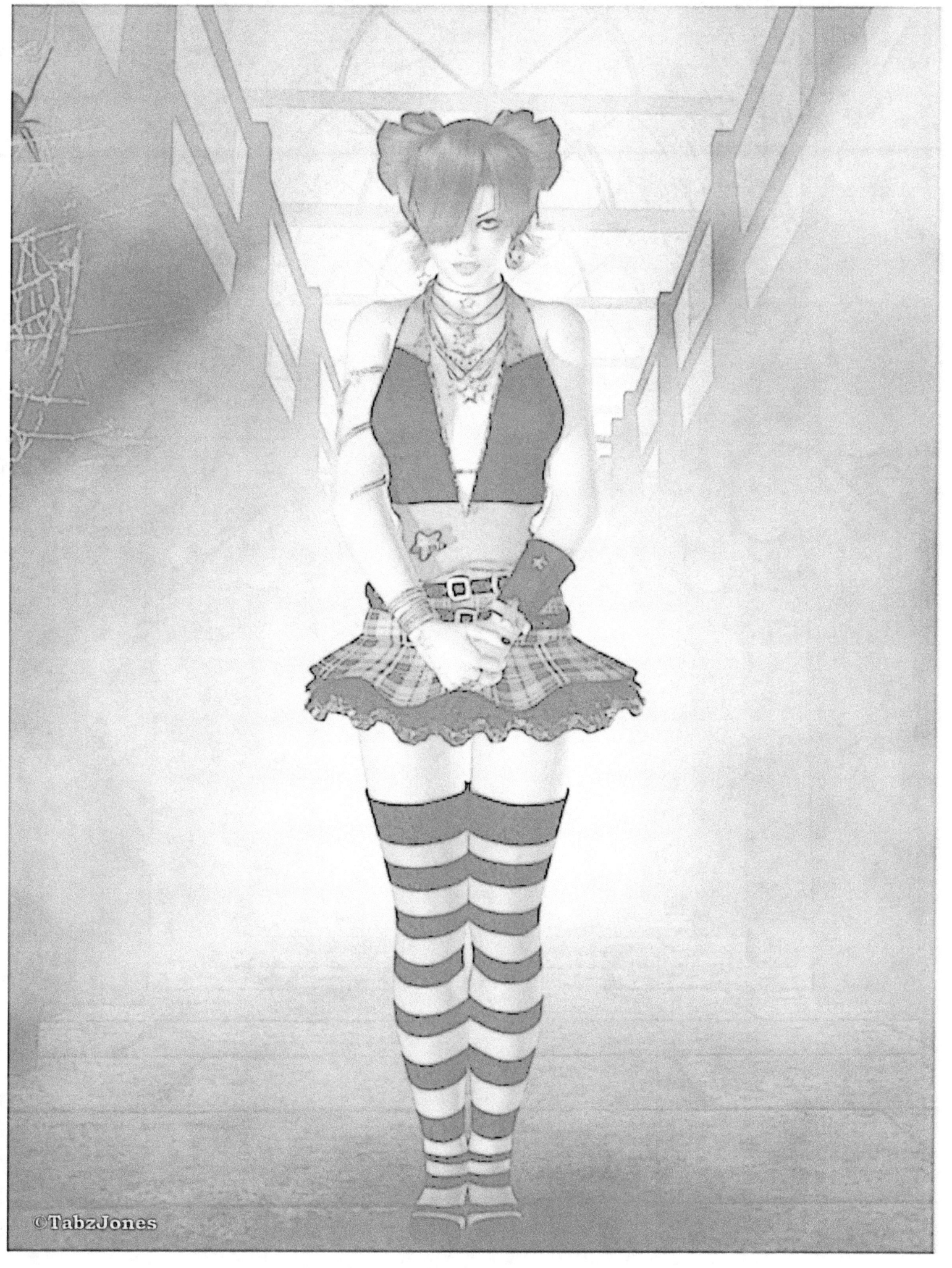

©TabzJones

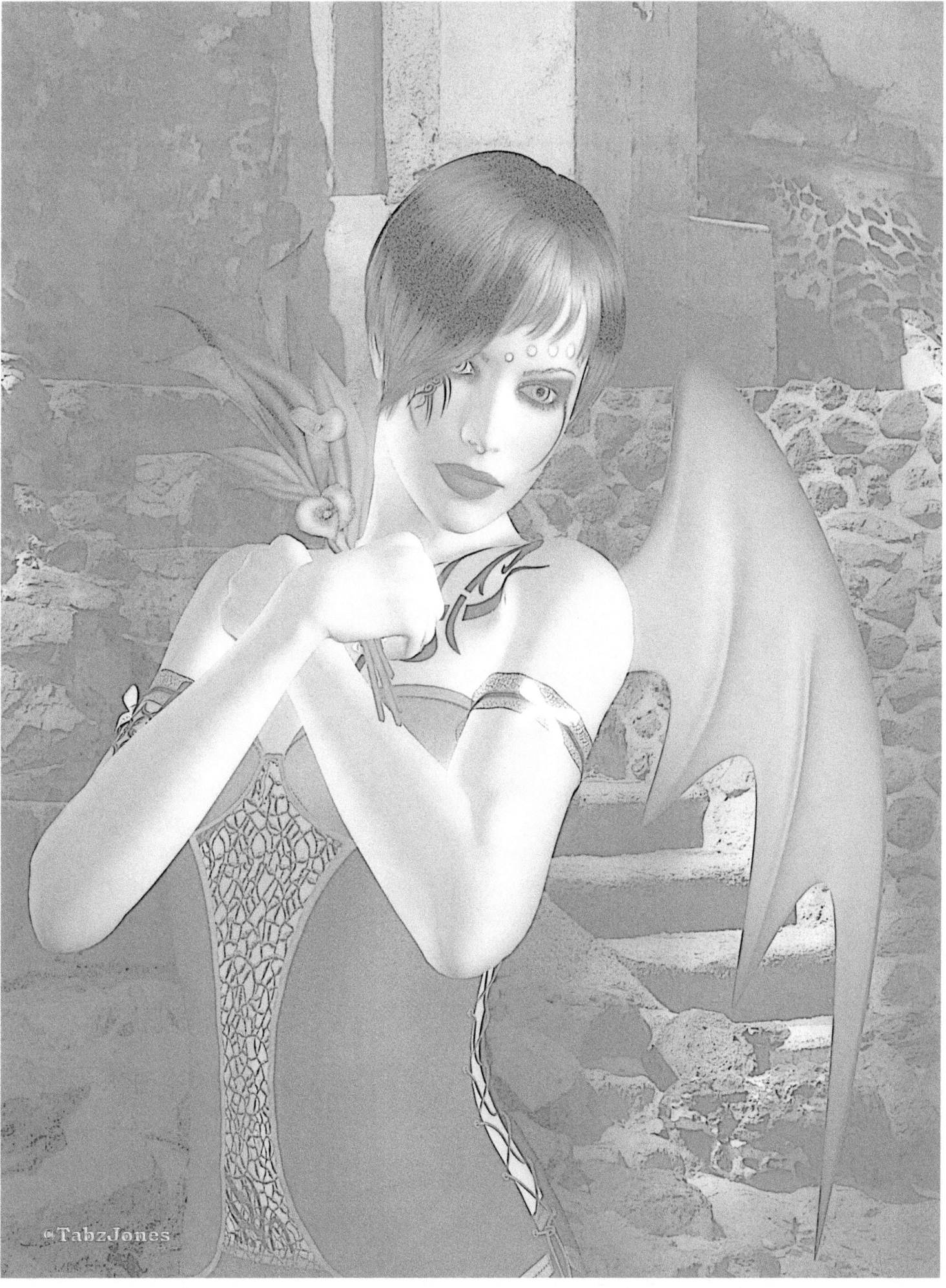

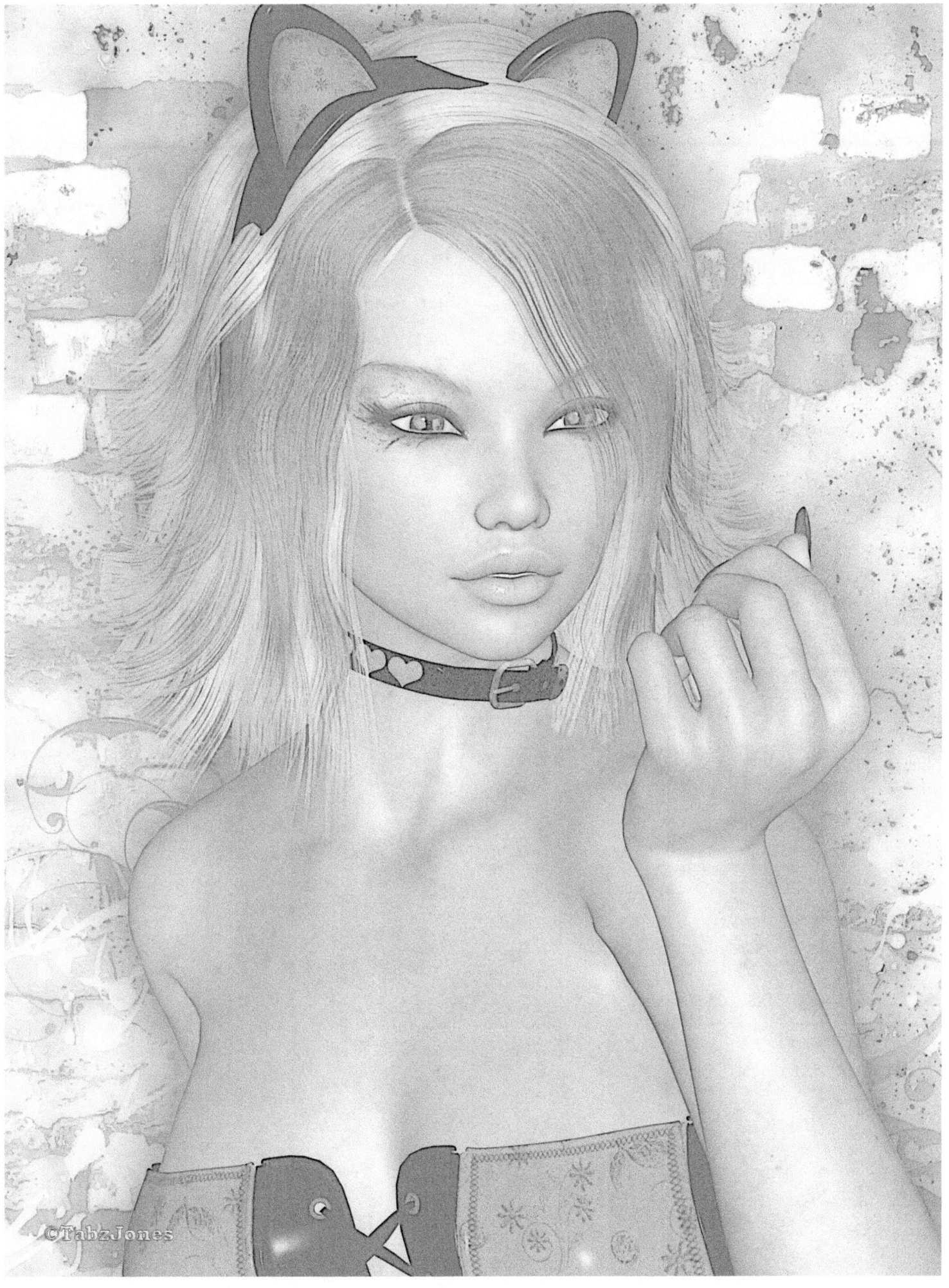
©TabzJones

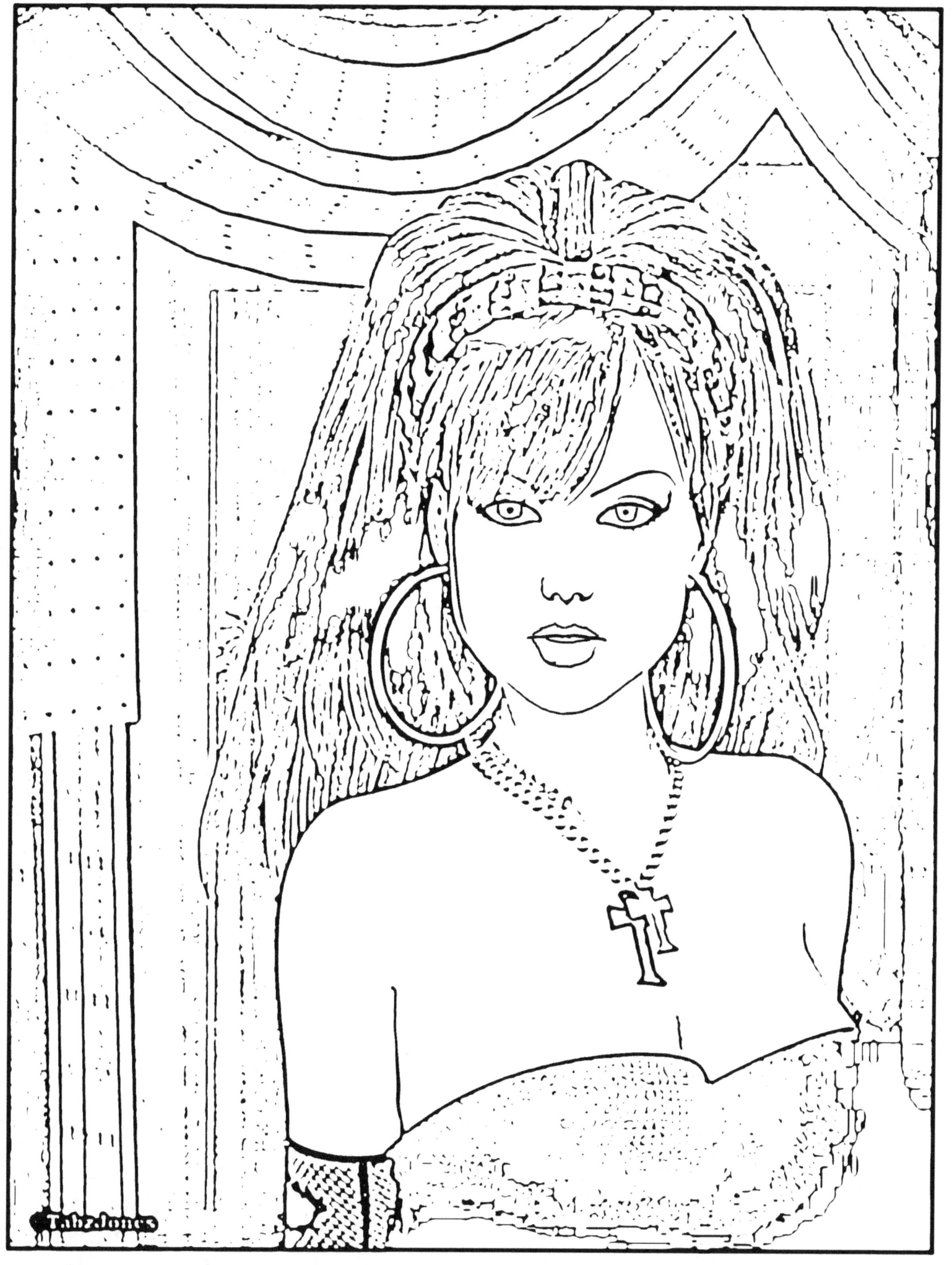

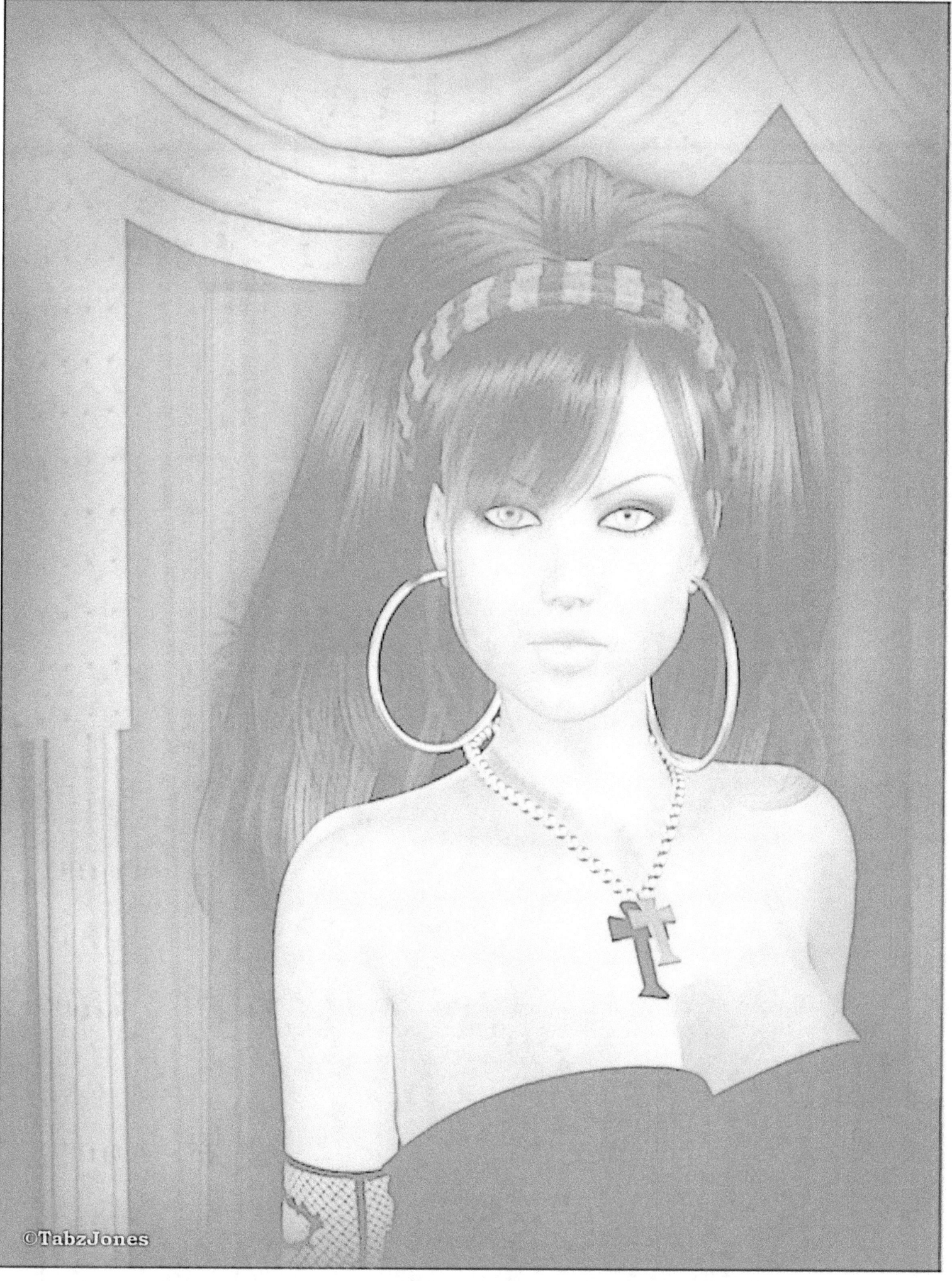

©TabzJones

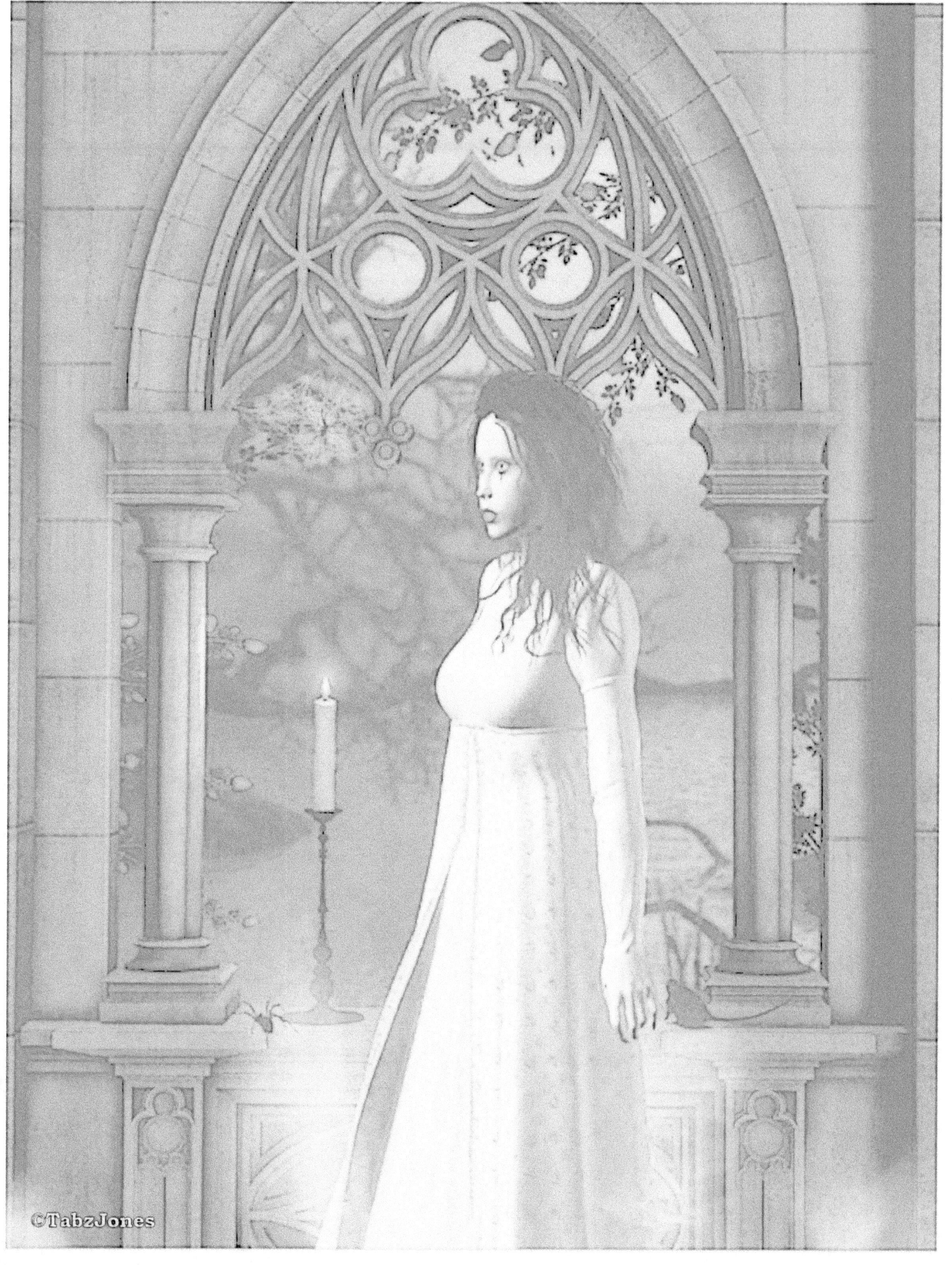

©TabzJones

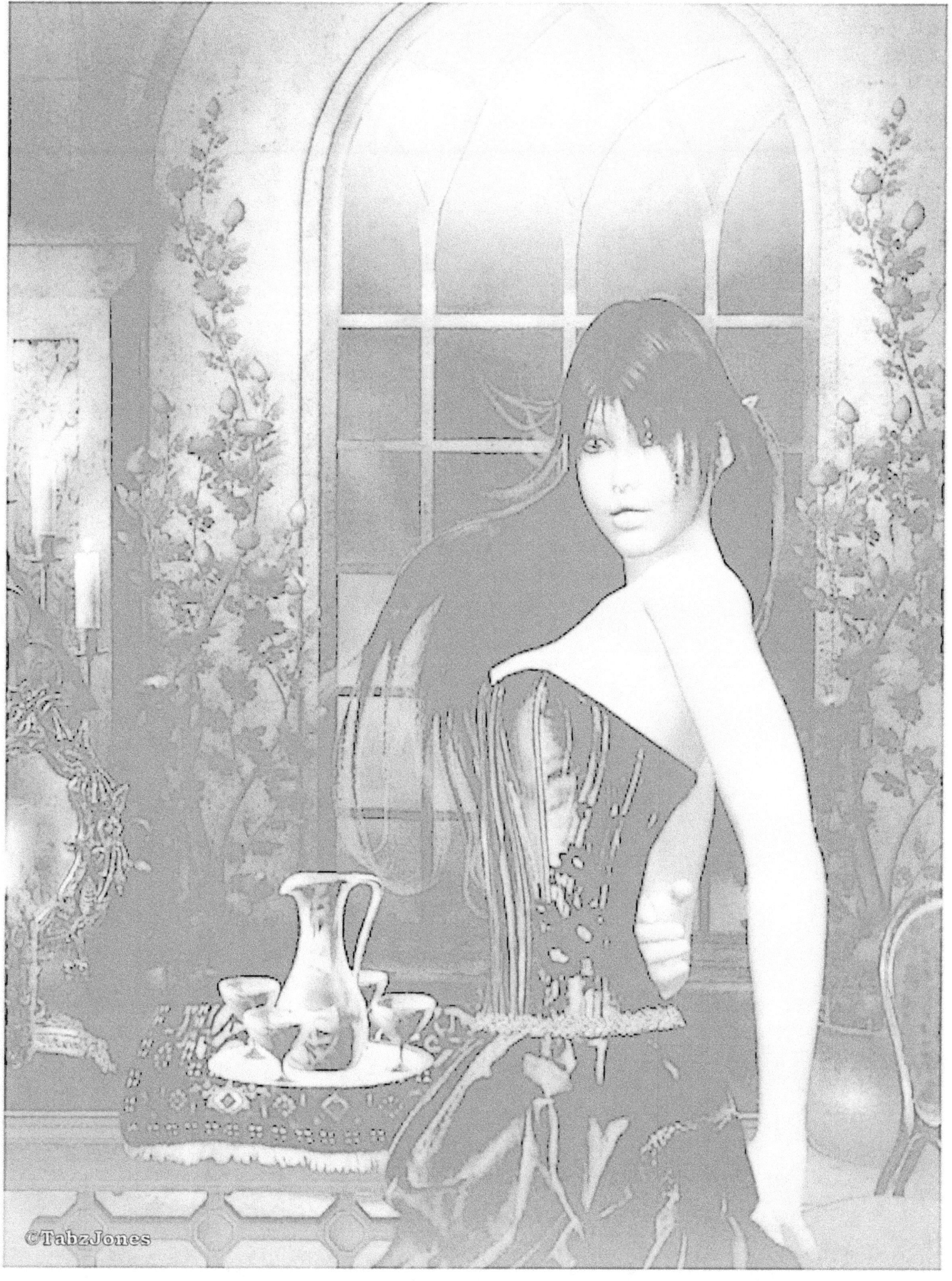

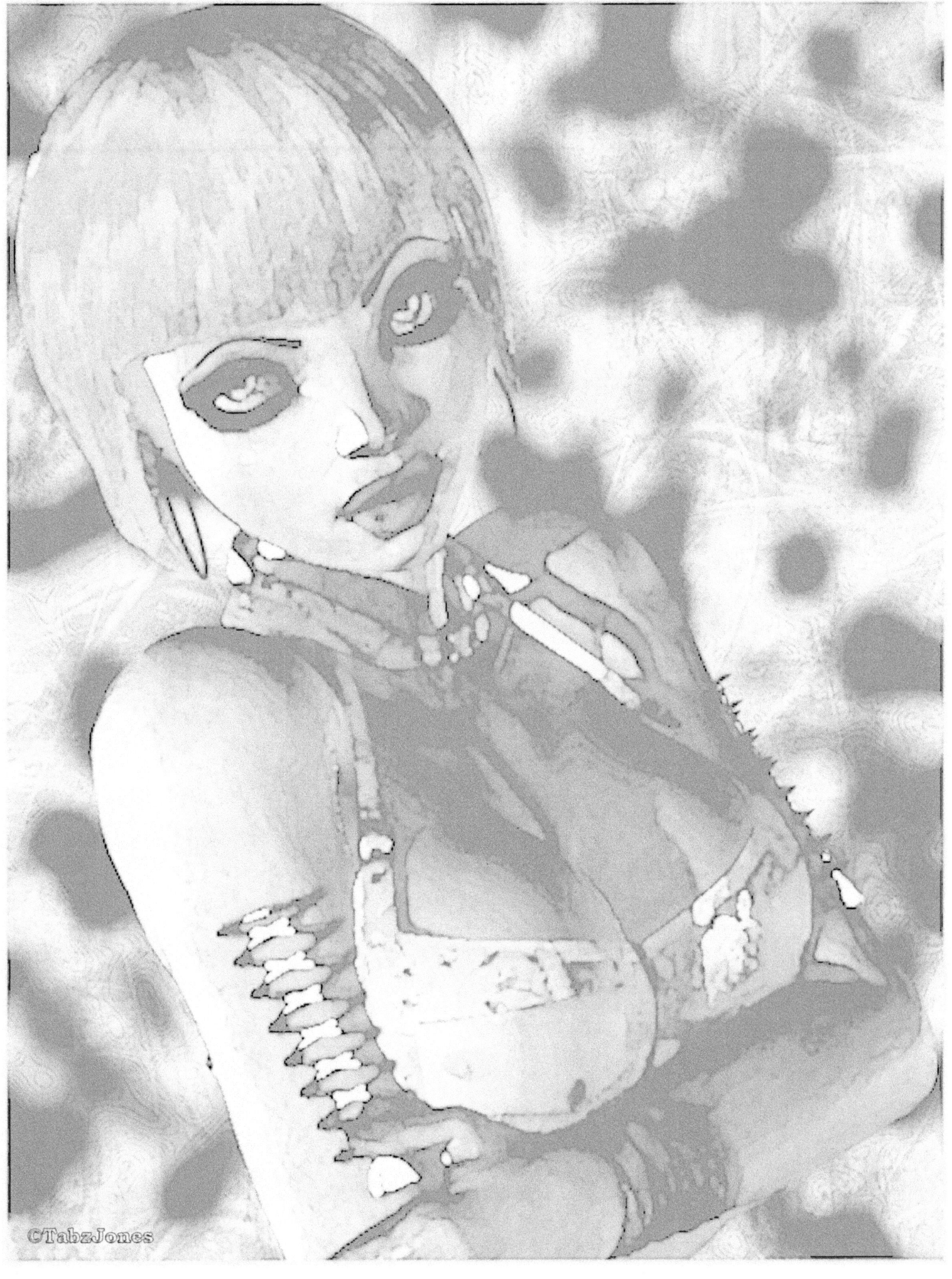

©TabzJones

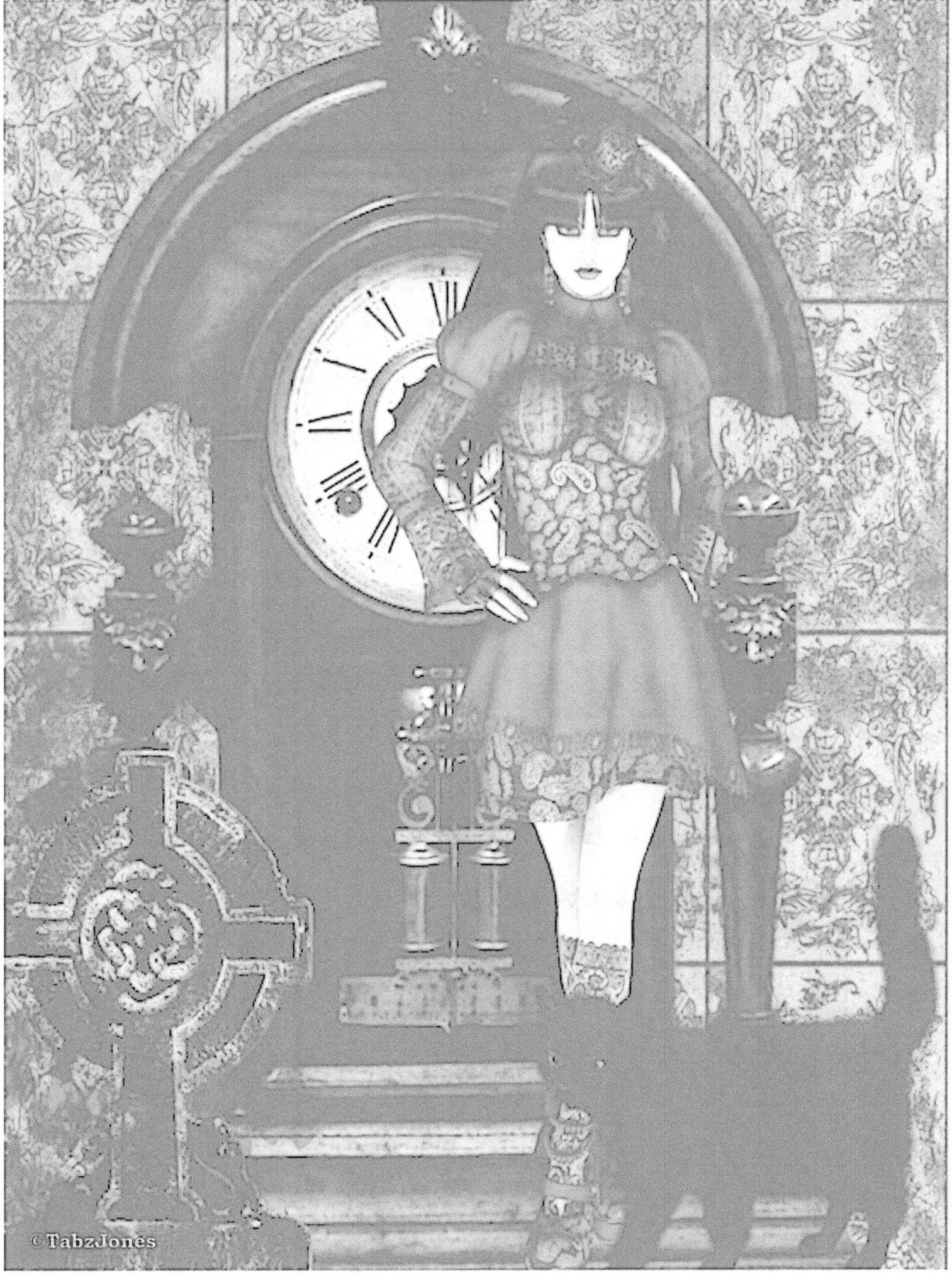

©TabzJones

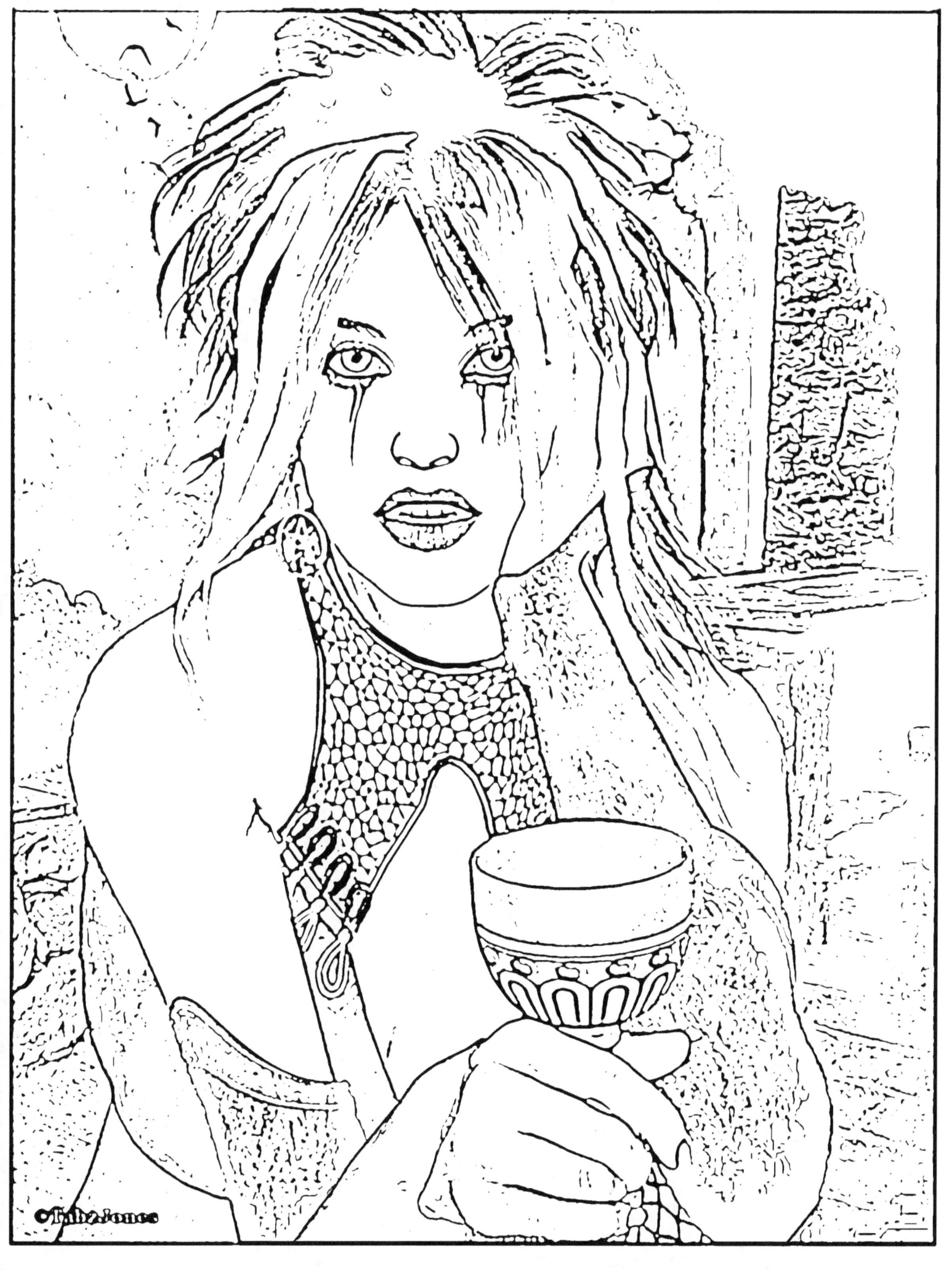

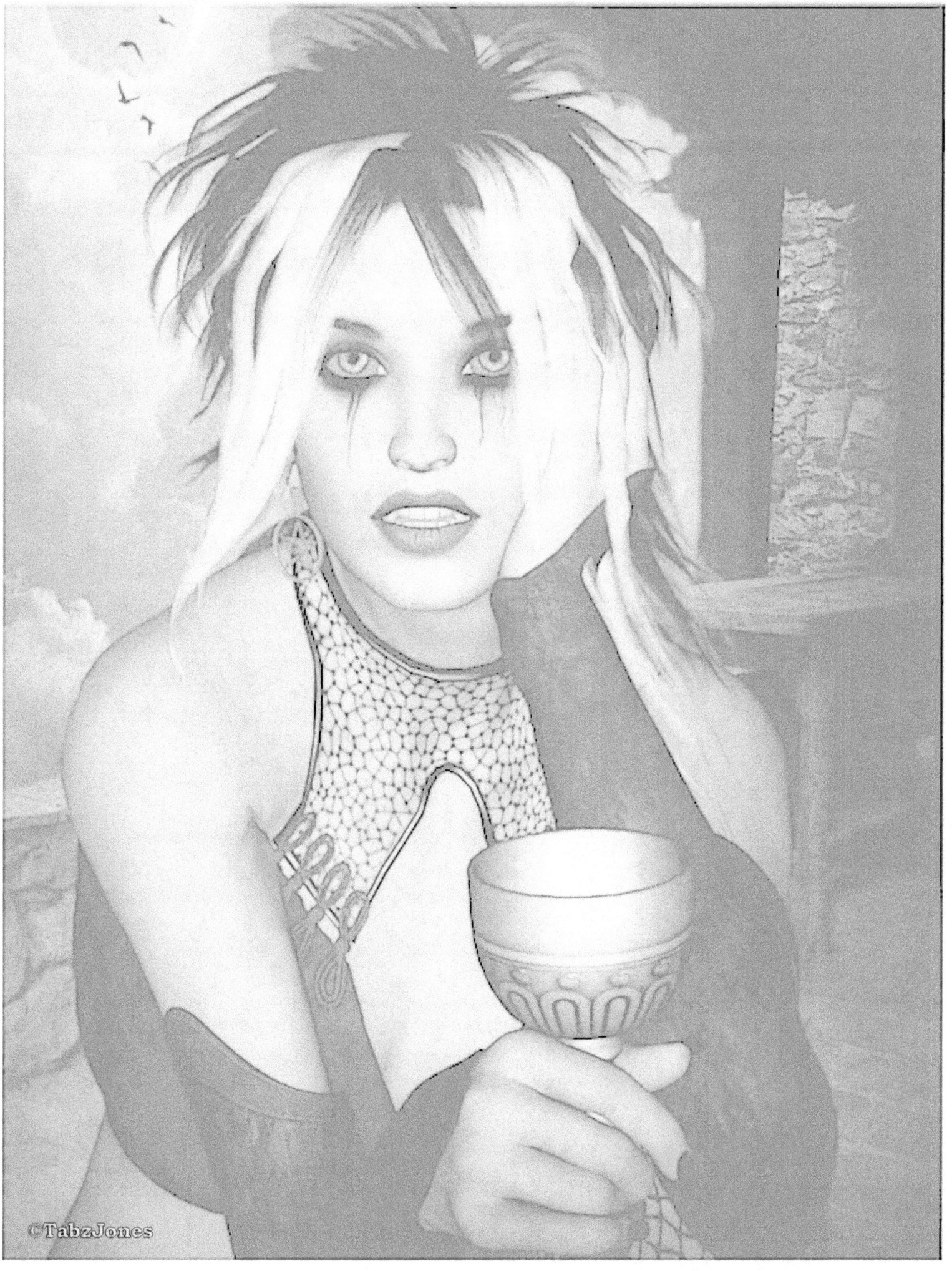
©TabzJones

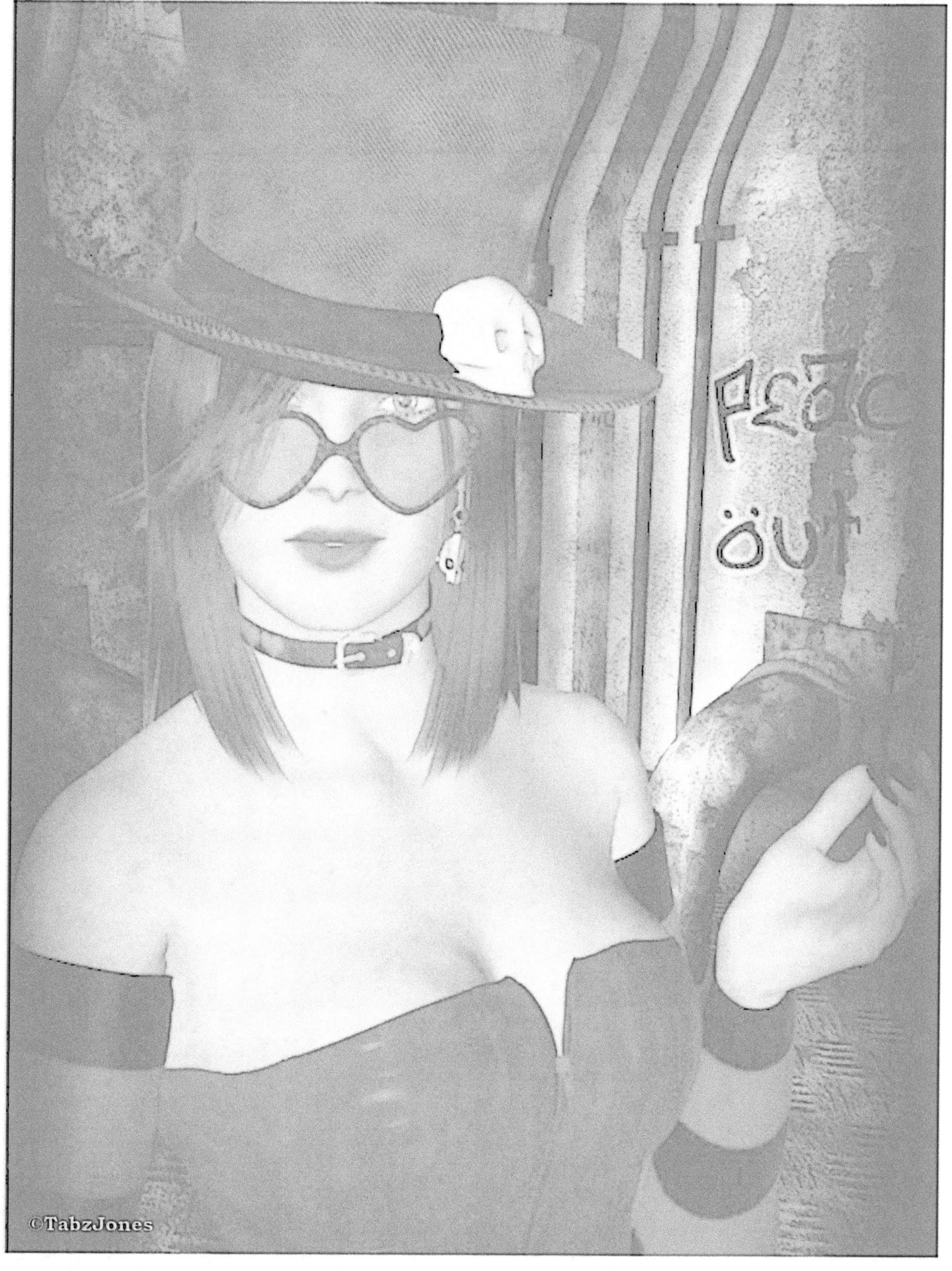

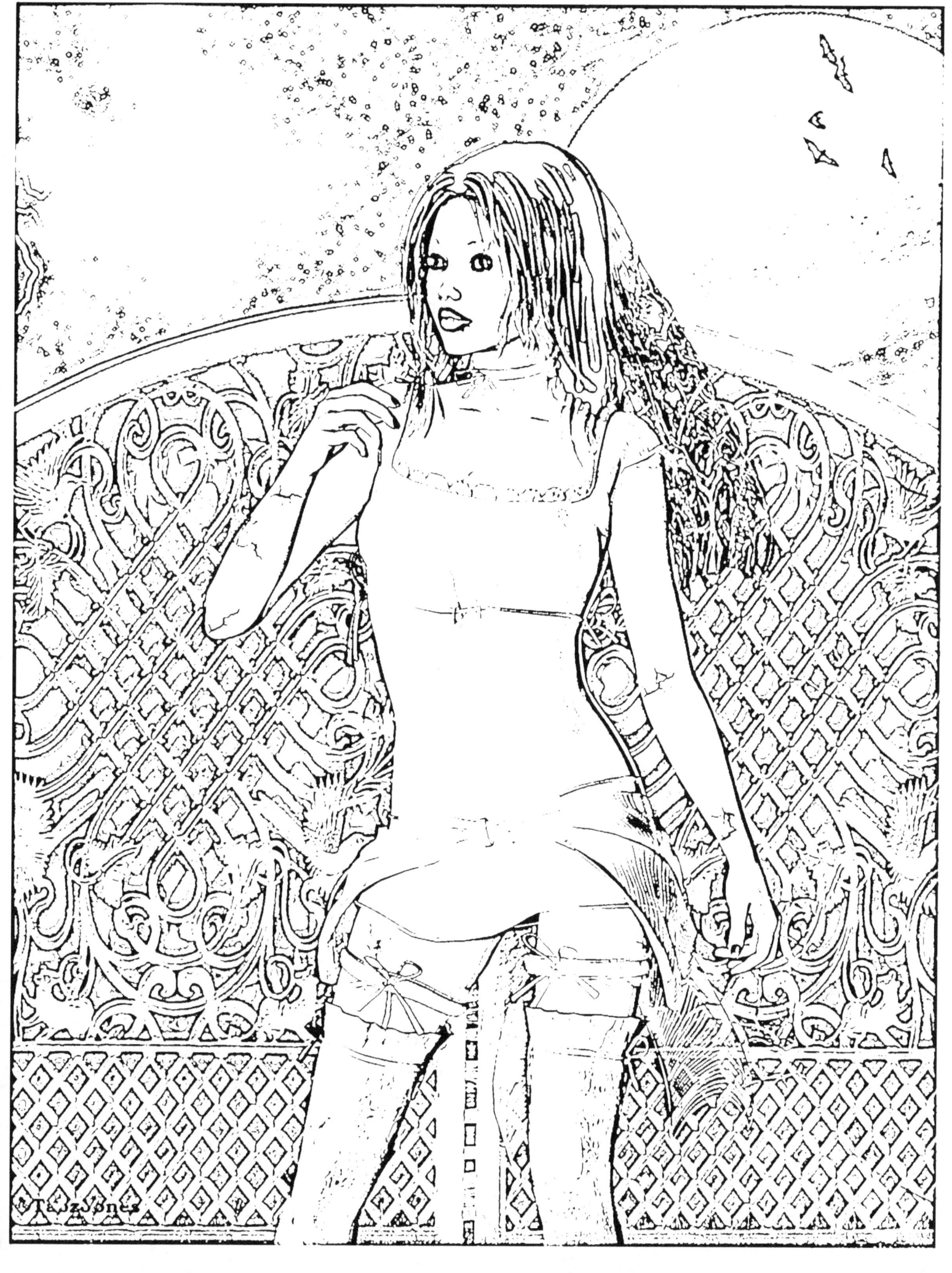

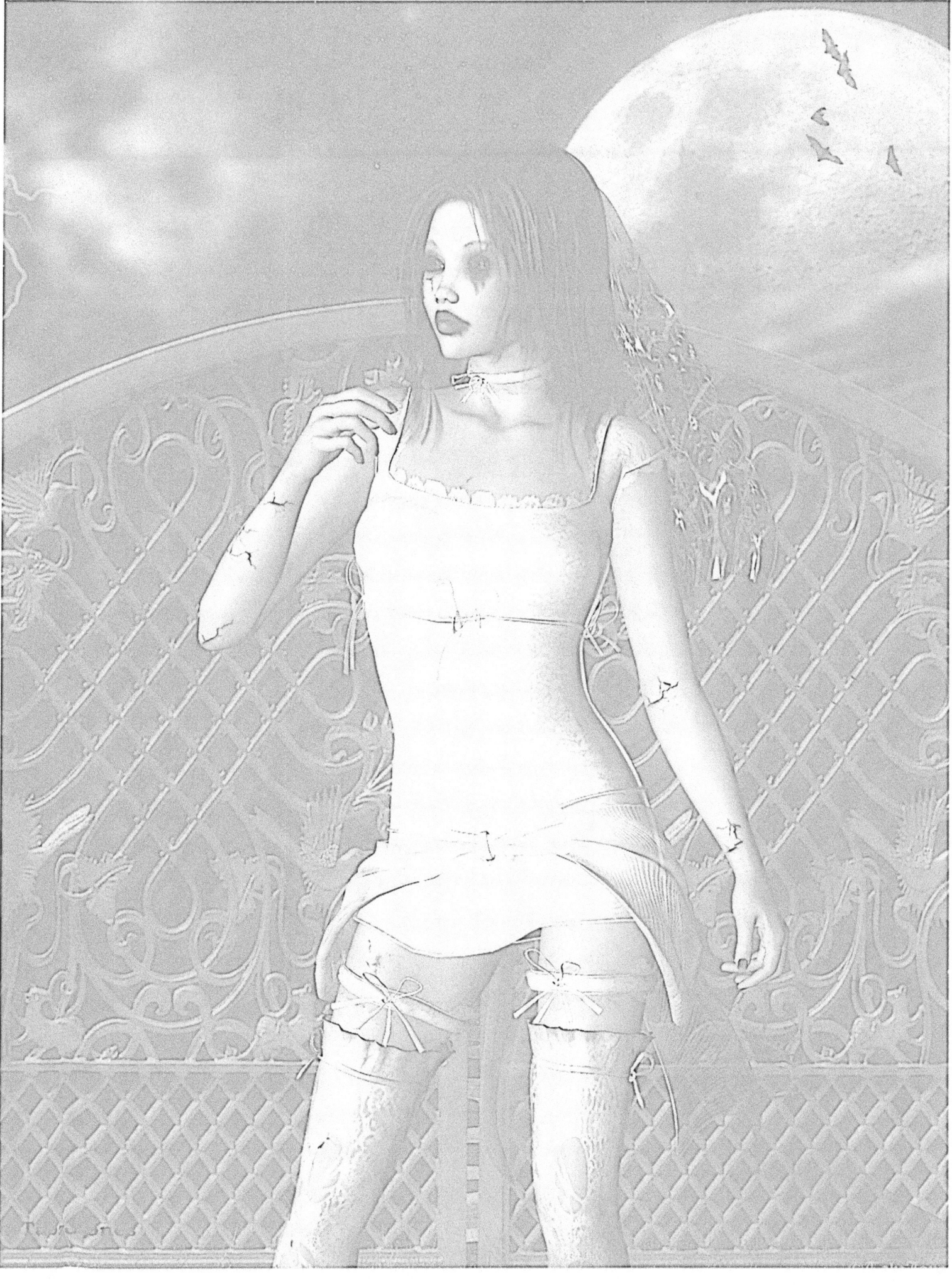